AF604003

One to ten

Para empezar a dominar tu vida, debes decidir cambiarla

Elizabeth Fernández

EDIQUID

ONE TO TEN
Para empezar a dominar tu vida, debes decidir cambiarla

Editado por: Corporación Ígneo, S.A.C.
para su sello editorial Ediquid
José Olaya 169, Ofic. 504, Miraflores. Lima, Perú
Primera edición, diciembre, 2024

ISBN: 978-612-5184-16-0

Hecho el Depósito Legal en la Biblioteca Nacional del Perú N° 2024-12583

www.grupoigneo.com
Correo electrónico: contacto@grupoigneo.com | Teléfono: +51 955 071 270
Facebook: Grupo Ígneo | X: @editorialigneo | Instagram: @grupoigneo

Colección: Integrales

Contenido

Introducción

Un día te despiertas con miles de responsabilidades, cuentas por pagar, problemas que resolver. Intentas concentrarte en aquello que tienes por delante, pero todo esfuerzo parece en vano.

Vives conforme todos esperan de ti, te vistes como le parece mejor a tu madre o a tu marido, actúas como tus compañeros de trabajo y amigos esperan que actúes; pero sabes en el fondo que la lucha es contra ti mismo y puedes ver tu yo ideal gritar desde adentro: «haz lo mejor para ti».

El término «la mejor versión de ti» vino a ser popular hasta hace poco tiempo, pero conforme se estudia sobre la capacidad de mejorar tu vida, tu salud, tus finanzas, entiendes que se trata de más que hacer de ti una mejor versión: es crear una obra de arte en tu vida.

Pueden ser 3, 10, 20 pasos para cambiar tu vida, pero yo personalmente experimenté requerir solo 10, y los más importantes que me llevaron de tener una vida ordinaria a conquistar mi propio mundo interior y elevar a la décima potencia mis pensamientos y mi calidad de vida.

Reconocerte capaz de desarrollar cualquier habilidad es imprescindible para manifestar tus deseos, sueños y metas.

Es solo una toma de decisión constante y responsable lo que cambiará el curso de tu existencia, y es cuando verás que lo que tanto estabas esperando estuvo siempre a la vuelta de la esquina.

Ten la amabilidad de recrear estos pasos en tu vida si deseas darle ese giro inesperado que has estado buscando por tanto tiempo; no supone esta guía una resolución definitiva a conflictos internos, tampoco supone una terapia individual con fines científicos.

Es una guía que viene del corazón, luego de haber pasado por los días más desesperantes y las noches más oscuras de mi vida. Sobreponerte no será tarea fácil, pero la constancia, la paciencia y la pasión que tengas para vivir harán del proceso un camino lleno de sorpresas.

No esperes que nada cambie si no cambias tus estrategias.

One

Ser consciente de tu realidad

Con el solo hecho de hacer todo lo correcto, ser austero y seguir todas las normas impuestas por la sociedad no te garantiza una total satisfacción personal.

Al terminar el día, luego de cumplir con todas las responsabilidades, hacer el bien y llevar la vida de sacrificio que te impones por cultura familiar, llegas a la conclusión de que hagas lo que hagas hasta ese momento es inútil, porque la forma en cómo has llevado tu vida hasta ahora lo único que ha hecho es sepultar tu fuerza de voluntad, adormecer tus anhelos e impedir tu bienestar físico, mental y emocional.

Ser consciente de que no estás conforme, que tu corazón no late de alegría y no muestras júbilo en tu andar, es el primer paso para emprender el viaje hacia la aventura de vivir y salir del atasco de la rutina ruin que acaba con tus ideales; el peligro radica en que puedes darte cuenta del desastre.

Ahondar en tus decisiones pasadas, contabilizar que has perdido tiempo, dinero y personas, podrá paralizarte en el intento, por temor a ser cuestionado, rechazado o criticado, y, en últimas, puedes incluso dejar de lado la idea de cambio y conformarte con lo que tienes.

¿Conoces a tu alrededor mucha gente que está haciendo lo que ama, que disfruta de su trabajo, que vive con intensidad y es próspera en términos económicos, de salud y emocionales? Honestamente, es difícil encontrarlas.

La gente que brilla en realidad no lo hace por su fama o talento, sino por la satisfacción que muestra de estar viviendo la vida que desea.

Así como también conozco muchos que estuvieron alguna vez en este punto, fueron conscientes y desearon con todas sus fuerzas cambiar su realidad; pero la sociedad, su familia, el trabajo, sus amigos y su zona de confort interna se lo impidieron. Se conforman con aquella carta que les tocó jugar y viven el resto de su vida quejándose de hallarse igual o peor que siempre.

No te molestes ahora en buscar culpables. ¿Buscar la respuesta a la pregunta que te has hecho del por qué?

Hay una mejor forma de salir de esa realidad que consume tus sueños, y para eso necesitas cambiar la pregunta a: ¿para qué? ¿Para qué deseo sobreponerme a los desafíos que se me han impuesto? ¿Para qué deseo seguir con esos deseos que mi corazón me dicta? Y hallarás el impulso que te permitirá pasar del estado pasivo de la situación a una actitud activa en busca de esa nueva realidad.

No hay cambio sin compromiso.

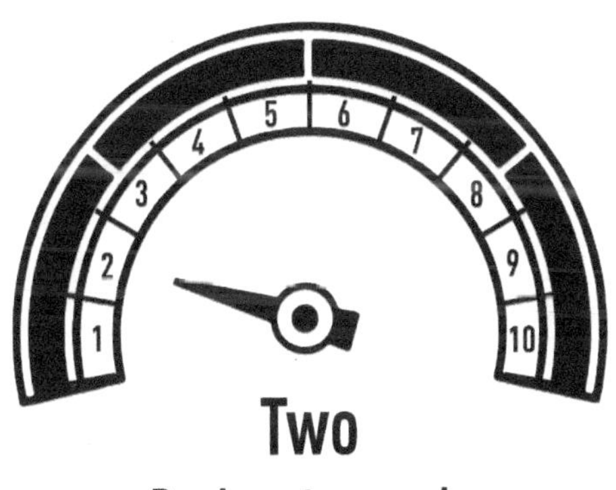

Two

Perdona tu pasado

Es muy famosa y repetida la frase que dice: «Dios reparte las cartas y no eliges tú las que te tocó jugar»; nacer en un país tercermundista, en una familia de clase media o baja, tener que trabajar desde pequeño para pagar tus estudios, limitarte a estudiar lo que se puede y no lo que en verdad quieres, no son más que las excusas que nos compramos para quedarnos rezagados por nuestro pasado.

La ausencia de tus padres, la falta de dinero, falta de oportunidades educativas y las limitantes mentales que vienen de generación en generación pueden marcar el futuro de una persona, pero ¿acaso no has sabido de la vida pasada de los más grandes inventores, creadores y exitosos del mundo? Sus trayectorias se hallan marcadas por dificultades y tropiezos, y el típico mito de que se tiene que nacer en cuna de oro para triunfar. Desechar todas esas falacias te mostrará una vez más que no hay motivos para dejarse vencer.

Perdona tu pasado, a tus antecesores por elegir conforme a sus limitantes; perdona a tus padres y maestros por enseñarte lo que les encomendaron y limitarte a pensar como un hacedor y no como un soñador; perdona a tus amigos que te llevaron a probar la rebeldía y a no dejarte invertir el tiempo en superar el pensamiento de confort; perdona la cultura y la sociedad que te ciegan con una única opción de vida, privándote de ver el oro debajo de la tierra.

Perdona los amores que te llevaron a cometer los errores más grandes de tu vida, a los conocidos y desconocidos que te dieron la espalda y te juzgaron.

Pero, sobre todo, perdónate por tardarte tanto en reconocerte como un ser lleno de luz y capaz de amar, capaz de brillar aun en medio de la oscuridad que en apariencia define tu vida.

Perdónate por no actuar en los momentos oportunos, por postergar tus sueños y rendirte en el intento.

Ahora puedes sentirte libre de culpa y decidido a llevar tu vida a un nuevo nivel.

Mira hacia adentro,
aprende, para luego mirar
afuera con amor.

Three

Sana tu niño interior

Una vez obtenido mi título universitario, me emplearon en una multinacional de renombre y conseguí el salario que tanto había esperado. Vivía como una princesa, me estaba dando los lujos que tanto quería, pero, aun así, me sentía vacía. Aunque manejara el mejor auto de la ciudad, sentía vergüenza por mí al ver que quienes me rodeaban, con aparente menor ventaja económica, eran felices en su propia medida.

Buscando ayuda profesional, me encontré con el término del niño interior, que no es más que tu yo representando tu pasado, la persona que dejó de ser. Ese niño(a), tu niño interior, está allí, viéndote mientras te saboteas, te autoengañas con objetos físicos en busca de aprobación y satisfacción externa, descuidando e ignorando tu espacio interior.

Mírate al espejo, ¿qué ves? ¿Alguien agotado de tanto pelear, de tanto soñar, de tanto amar, cansado de ser engañado e ilusionado?

Si tienes las agallas de mirarte a los ojos con amor y con ternura, como nadie jamás te ha mirado, allí, parado frente a ti en ese espejo, está sentado tu niño(a), tu versión soñadora que jugaba a ser un artista, un doctor, una bailarina de ballet profesional. El que jugaba y creaba sin ser rechazado, sin ser censurado; el que amaba sin sentir culpa, sin conocer el resentimiento.

¿Qué ha cambiado ahora? Has abierto los ojos al mundo, se ha olvidado todo. Ahora te sientes obligado a señalarte, sabotearte y menospreciar tus capacidades; te culpas por errar y te lastimas al ser incapaz de lograr lo que te propones.

Reconciliarte con ese niño interior te ayudará a tener compasión de ti y de los demás. Has sido muy cruel contigo mismo, y eso no te hará libre hasta que seas consciente y perdones cada mala palabra, cada pensamiento negativo, cada frase de «no puedo hacerlo» que te dices frente a la realización de tus sueños.

Cuando conectas con tu interior, serás capaz de reconocer que lo de afuera es solo un reflejo de lo que tienes dentro. Empezarás a ser compasivo con el mundo exterior: no es un anillo de 1000 dólares lo que te hace mejor mujer, ni un auto de 100 000 dólares lo que te hace mejor hombre. Es la capacidad de reconocerte capaz de mover el mundo y ser feliz aun con menos de lo que posees ahora.

Cuando hay incongruencia con ese tu primer amor (tu niño interior), solo llevarás una vida pseudoperfecta con un vacío interior interminable.

No eres lo que crees que serás,
eres lo que crees que eres.
Confucio

Four

Actúa impulsado por tus sueños

Para algunos, un sueño es aquello que no te deja dormir, que no deja tu mente en paz hasta no verlo realizado, eso que te levanta cada mañana con energía; para otros, es lo que los mantiene vivos, lo que siempre has deseado, para lo que fuiste creado.

Eso que te reta a la vez que te mantiene motivado es, para mí, la mejor definición de sueños, porque, aunque es algo que se desea, cuando uno se dispone a hacerlo realidad, te reta de tal forma que, en ocasiones, mantenerte con la determinación de llevarlo adelante requiere cierta dosis de sacrificio, amor y ambición.

Una vez seas consciente de tu realidad y hayas sanado tu pasado y tu interior, estarás listo para definir tu norte haciéndote la siguiente pregunta: «¿Estoy en el lugar donde deseo estar?». No se trata del lugar físico, sino del estado natural de tu realidad: de estar realizando eso que te apasiona, que te encanta hacer, eso que harías, aunque nadie te pagara por hacerlo.

Para llegar a un lugar, debes trazarte una ruta, un objetivo, tu norte. Si no estás en ese lugar del que te sientes merecedor, debes estudiar la forma de cómo llegar hacia él.

Tu sueño no tocará tu puerta, debes salir a por él. La definición de objetivos es la clave para ir enfocado; no hay nada peor que hallarse parado frente a un desacierto: «¿Hacia dónde voy?». Perderás tiempo tratando de ubicarte y luego, si es que encuentras el camino, acabarás perdiendo el rumbo y la energía.

Vas a hallar muchos obstáculos al momento de decidir realizar tus sueños, pero uno de esos obstáculos se halla en lo más profundo, y es aquel que no existe físicamente: es el obstáculo mental.

El «no puedo hacerlo» será tu piedra de tropiezo. Cree en ti; motivado por el hecho de saberte merecedor y confiando en tus capacidades, obtendrás el impulso que necesitas.

Tienes que despertarte cada día decidido
si quieres acostarte satisfecho.

George L.

Five

Sal de tu zona de confort

Como aquel que se dispone a iniciar una rutina de ejercicios, coloca la alarma a las 5 a. m. con el nombre «Despiértate, es la hora de correr», pero al momento de sonar esta alarma sientes frío, tu cama está cómoda y la sábana acogedora. Decides posponerla unos minutos más, y así lo haces hasta que te ves al espejo y reaccionas: «Debo hacer dieta urgente. Necesito levantarme a correr».

Estar en confort es quedarte en el trabajo que te ofrecieron por primera vez cuando te graduaste, con un salario mediocre y con un jefe hostil. «No hay de otra», piensas. «No puedo darme el lujo de renunciar; mi familia depende de mí y debo hacer frente a las deudas». Aunque no te gusta ese lugar, te sientes cómodo con la seguridad que te ofrece. Pensar que tendrás una jubilación digna y, al mismo tiempo, el temor de hallarte en la calle sin sustento te induce a olvidarte de tus sueños y a mantenerte en el mismo estado por el resto de tu vida.

Eso que un día te hizo crecer viendo la vida de adulto como un galardón ahora te lleva a una ruta sin escape.

Deseábamos volver a ser niños, a soñar otra vez, pero es tarde. La responsabilidad te llama, te frena, te cuestiona y te castiga. El temor es mayor que tu pasión; tu vida se resume en nacer, crecer, reproducirte, pagar deudas y morir con la esperanza de un día ser feliz.

Tus sueños no estarán esperando a tu puerta a que les des lugar en tu cálido sofá, viendo Netflix y comiendo pizza. No te buscarán en tu oficina llena de papeles hasta el cuello, ni mucho menos te llamarán desde el despacho de tu jefe.

Sal del modo automático: la vida es corta y el tiempo es lo único irremplazable.

Arriésgate a vivir una vida rica y abundante, a hacer lo que siempre soñaste. No te limites a esperar un sueldo miserable: hazte grande. Cambia la historia familiar; tus hijos merecen un mejor futuro. Deja de avergonzarte por tus restricciones: todo es posible si lo crees.

Una vez pruebas la champaña,
no volverás a la sidra de farmacia.

Six

Cambia tus hábitos y gustos

Somos seres de hábitos, esos mismos que te llevan a vivir una vida sedentaria, comer desproporcionadamente, vivir sin motivación y que un día te hacen despertar en una cama de hospital con sobrepeso y un sinfín de enfermedades metabólicas.

Esos hábitos que te hacen gastar sin mesura, que te llevan a invertir en vano en cosas inútiles para llevar una vida de apariencia, que al final te hacen despertar en bancarrota y preguntarte: «¿Por qué tengo tan mala suerte?».

¿Qué tan significativo es el cambio de hábitos y qué impactos trae para la consecución de tus sueños? Desde dormir bien, comer saludable, meditar, leer, tener relaciones saludables, honrar a tus padres, saber de cultura, ahorrar e invertir en tu retiro son solo algunos, por mencionarlos, de los que te llevarán a un cúmulo de buenas acciones con resultados de una vida plena, que garantizará tu futuro financiero y tu vida adulta.

Empieza por hacer pequeños esfuerzos; eso será como una bola de nieve que forma una avalancha. En vez de pasar horas en redes sociales, dedica al menos 30 minutos a leer o escuchar conferencias instructivas. En vez de comerte una hamburguesa de dudosa procedencia nutricional, prepárala de manera saludable en la cocina de tu casa.

Ve de a poco: no es llenarte de libros y no saber por dónde empezar, no es pagar la suscripción VIP del gimnasio de tu ciudad; es saber ponerte primero objetivos alcanzables y definir por dónde deseas empezar.

Habrá días de intolerancia, días en los que te preguntarás si valdrá la pena todo el esfuerzo que estás colocando en ese nuevo hábito. Cuando la duda y el temor del resultado te interrumpan, sigue motivado recordando la razón por la que iniciaste, y hallarás fuerzas para continuar.

El impulso te guiará.

JHON M.

Seven

Cambia tus relaciones personales

Eres el promedio de las cinco personas de las que te rodeas. Eso quiere decir, de una manera u otra, que el entorno familiar, laboral y amical influye en las situaciones y en las decisiones que tomas en tu vida.

La gente con la que te relacionas tendrá un impacto positivo o negativo en todos y cada uno de los resultados que obtengas. Siempre se dice: «Rodéate de grandes y serás grande; rodéate de mediocres, y ya sabes la respuesta».

No significa con ello que vas a cambiar de amigos y buscar refugio en gente poderosa, tampoco que debas alejarlos de tu vida. Pero sí es imprescindible, si deseas hacer un cambio radical, que hagas una mejor selección de la gente con la que compartes tu tiempo y tu espacio.

No es lo mismo tomar un café y hablar por treinta minutos de negocios y superación personal con un veterano en emprendimientos que pasar horas debatiendo en «¿cómo la amiga de una amiga consiguió marido más rápido que tú y que yo juntas?».

El tiempo es el activo más importante que posees. No es justo que lo inviertas mal en conversaciones no productivas.

Búscate un mentor, invítalo a cenar, empápate de su vida, toma consejos de quienes han recorrido el camino que tú deseas recorrer, y verás cómo aquello que buscas lo hallarás. Aquello que intentas realizar te será más fácil efectuar.

En esas personas no solo hallarás un pantallazo de lo que te vendrá, sino que también te será más fácil superar etapas difíciles cuando tengas el testimonio de aquellos que han podido sobreponerse al fracaso y usarlo como base para el éxito en todos los aspectos de la vida.

No es solo ver el oro sin saber cuánto costó cavar para hallarlo. Entrar en la vida de la gente que ha tomado caminos apasionantes, que ha llenado su vida de éxitos sanos y que puede decir «soy feliz», vale la pena. Indagar y meditar en ese camino que te tomará seguir es esencial, porque, en muchas ocasiones, el éxito por sí solo no te lo mostrará.

Tus mayores dificultades
darán paso a tus mejores habilidades.

Eight

Toma ventaja de tus habilidades

Escribes, te gusta hablar en público, eres experto en un área en particular, te gustan los viajes o solo eres amante de las mascotas. Cuando se trata del éxito, no tiene que ver directamente con tu área de desarrollo profesional. Si eres médico, pero estás apasionado por el *hiking*, puedes, desde esa plataforma, hacer de tu *hobby* no solo un ingreso extra, sino algo que te llene y te sirva de soporte para las actividades que no necesariamente disfrutas hacer.

No todos quizás tengamos la oportunidad de dedicar nuestra vida completa a una pasión. Por ejemplo, de niña soñaste con ser diseñadora de modas, pero por diversas situaciones ahora te encuentras ejerciendo otra profesión.

La idea es conectarte una vez más con ese sueño que alguna vez te impulsó a vivir; la idea es tener una motivación que mantenga tu vida despierta y empezar a labrar el camino hacia la felicidad y el bienestar.

El problema es cuando te quedas en ese pasado insatisfecho, en donde la vida que tienes hoy no es aquello que pensaste que sería cuando de niño soñabas con ser adulto. De nada sirve juzgar y lamentar los procesos que te llevaron al presente; el único tiempo en el que puedes actuar e interferir es el ahora. Si hay algo que puedes cambiar, cámbialo. No tengas temor de salir a por nuevos proyectos.

Eres hábil comunicador: aprovecha el mundo de la tecnología y las redes sociales para informar a la gente sobre política, moda o lo que sea que te apasione, pero haz algo. Ese algo te llenará y será tu combustible hacia la realización personal.

En el proceso, te verás constantemente retado, porque quizás tu campo esté saturado o tengas referentes de mayor experiencia. Pero si amas lo que haces y disfrutas de ese hacer, todo obstáculo será una oportunidad que te llevará al éxito.

El genio nace cuando la vela se apaga.
GISSELLE G.

Nine

Aprende a amarte como nunca

Lo aprendí justo en los momentos más decisivos de mi vida: nunca antes había tenido la capacidad de verme como una prioridad. Tal como cuando amamos a alguien y queremos hacer todo por esa persona, el amor propio es casi tan necesario para llevar tu vida al siguiente nivel, así como todos los pasos antes mencionados. Todo se deriva de esa serie de acontecimientos que marcan nuestra personalidad: hechos del pasado, hechos de la niñez que, en apariencia, determinarán el futuro con nulas expectativas.

La buena noticia es que, como ya sabemos, el único y más importante tiempo para actuar es ahora. Tenemos la oportunidad de escribir un nuevo futuro.

Cuando intentas hacer algo diferente en tu vida, una de las cosas que me ha servido a mí es ponerme como prioridad y creer en mí, porque externamente siempre hallarás interferencias: personas que nunca verán tus proyectos como algo importante o personas con las que la capacidad de crecer se verá limitada, ya sea por sus creencias limitantes culturales o familiares. Te toca decidir por ti qué es lo que más deseas en tu vida.

Amarte a ti mismo representa tomar acción en aquello que te llena, que te hace feliz, eso que te impulsa a salir de la zona de confort y te lleva a la cima de tus objetivos. Amarte es acallar las voces que te dicen «Te equivocarás», «Lo harás mal», «Otra vez te estrellarás» y lanzarte a hacerlo por amor a tu bienestar.

Ese mismo amor propio será el responsable de ponerte en primer lugar, antes que la gente. Si no crees en ti, nadie lo hará. Si no tienes la capacidad de ver un alto valor en tu persona, permitirás que cualquiera te ponga el precio que desee.

Decir desde tu interior «Me amo, me acepto, me gusto, soy capaz de llevar mi vida a un nuevo nivel» sentará las bases de un autoconcepto fuerte que te guiará con determinación a la consecución de proyectos mayores.

La mejor forma de predecir el futuro es creándolo.

ABRAHAM L.

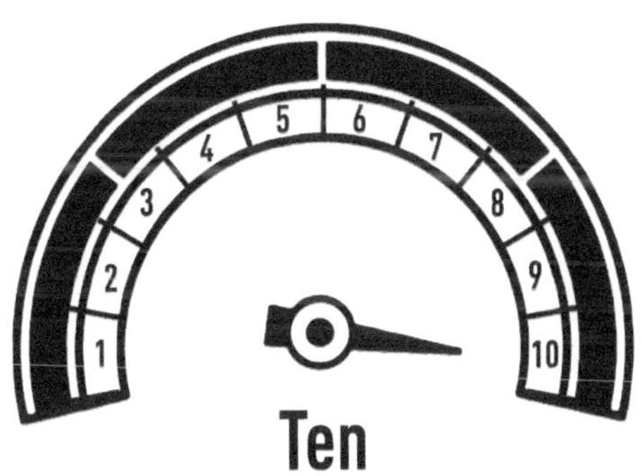

Ten

Agradece tu existencia

Tu vida fue creada para una finalidad; se llama *ikigai* según los sabios orientales. Tienes un propósito, independiente de dónde naciste y dónde creciste.

Agradece por ese propósito que te ha impuesto el destino, agradece cada suspiro y cada proceso que se te presenta antes, durante y después de que te animes a llevar una vida de alto nivel.

Encontrar tu *ikigai* o misión de vida no será tarea fácil, pero siempre que busques, hallarás; y entre más te concentres, lo lograrás.

A veces debes pasar por situaciones que, en apariencia, son difíciles, pero que en realidad envuelven tu verdadera misión.

Sentirte insatisfecho es el primer síntoma de que no has hallado tu misión de vida. Una vez entiendas que eso que harías sin pensar en recibir una compensación, eso que te despierta por las noches y te levanta en las mañanas con ganas de ir a por ello, es tu misión, vivirás como una llama encendida. Tendrás razones para reír, disfrutar y llevar el proceso con la mejor actitud, cueste lo que cueste.

No pienses que no pasa nada,
simplemente porque no ves tu crecimiento
las grandes cosas crecen en silencio.
BUDA

Lecturas recomendadas

Mente poderosa. Un libro que cambiará tu vida (Anghelo Gutiérrez)

Aprendiendo a vivir desde la consciencia. Un viaje de bienestar y plenitud (Martha Olivia Tena)

Diario de gratitud (Elizabeth Peralta)

Autoestima. Manual para recuperar tu autoestima en 30 días (María Mercedes Barragán Buendía)

EDIQUID

www.ingramcontent.com/pod-product-compliance
Lightning Source LLC
LaVergne TN
LVHW090130160826
845673LV00016B/1273

* 9 7 8 6 1 2 5 1 8 4 1 6 0 *